Benjamin Reichenbach

Die Doha-Runde der Welthandelsorganisation (WTO)

GRIN Verlag

Bibliografische Information der Deutschen Nationalbibliothek:

Die Deutsche Bibliothek verzeichnet diese Publikation in der Deutschen National-
bibliografie; detaillierte bibliografische Daten sind im Internet über http://dnb.d-
nb.de/ abrufbar.

Impressum:

Copyright © 2005 GRIN Verlag GmbH
Druck und Bindung: Books on Demand GmbH, Norderstedt Germany
ISBN: 978-3-656-13356-8

Dieses Buch bei GRIN:

http://www.grin.com/de/e-book/189236/die-doha-runde-der-welthandelsorganisa-
tion-wto

GRIN - Your knowledge has value

Der GRIN Verlag publiziert seit 1998 wissenschaftliche Arbeiten von Studenten, Hochschullehrern und anderen Akademikern als eBook und gedrucktes Buch. Die Verlagswebsite www.grin.com ist die ideale Plattform zur Veröffentlichung von Hausarbeiten, Abschlussarbeiten, wissenschaftlichen Aufsätzen, Dissertationen und Fachbüchern.

Besuchen Sie uns im Internet:

http://www.grin.com/

http://www.facebook.com/grincom

http://www.twitter.com/grin_com

Ludwig-Maximilians-Universität München

Geschwister-Scholl-Institut für Politikwissenschaft

Wintersemester 2004 / 05

Proseminar

Internationale Beziehungen

Politische Ökonomie aus realistischer Sicht

Die Doha-Runde der Welthandelsorganisation (WTO)

Benjamin Reichenbach

3. Semester

Politische Wissenschaft (HF)

Neuere und Neueste Geschichte (NF)

Neuere Deutsche Literatur (NF)

INHALTSVERZEICHNIS

Seite

ABKÜRZUNGSVERZEICHNIS

AKP   = Afrikanische, karibische und pazifische Staaten

APEC   Asian Pacific Economic Cooperation
= asiatisch-pazifische Wirtschaftskooperation

ASEAN   Association of South East Asian Nations
= Verband Südostasiatischer Staaten

ECOSOC   Economic and Social Council
= Wirtschafts- und Sozialrat der UN

GATT   General Agreement on Tariffs and Trade
= Allgemeines Zoll- und Handelsabkommen

GATS   General Agreement on Trade in Services
= Allgemeines Dienstleistungshandelsabkommen

IBRD   International Bank for Reconstruction and Development
= Internationale Bank für Wiederaufbau und Entwicklung
= Weltbank

IMF   International Monetary Fund
= Internationaler Währungsfonds (IWF)

ITO   International Trade Organization
= Internationale Handelsorganisation der UN
   (nicht ratifiziert)

ILO   International Labor Organization
= Internationale Arbeitsorganisation

LDCs   Least Developed Countries
= am wenigsten entwickelte Länder
   (UN-Bezeichnung für derzeit 49 Länder)

MAI   Multilateral Agreement on Investment
= Multilaterales Investitionsabkommen

MERCOSUR   Mercado Común del Sur
= Südamerikanische Feihandelszone

NAMA   Non-Agriculture Market Access
= Marktzugang nicht-agrarischer Güter

NAFTA   North American Free Trade Agreement
= Nordamerikanische Freihandelszone

NGOs	Non-Governmental Organizations = Nichtregierungsorganisationen
OAU	Organisation for African Unity = Organisation für afrikanische Einheit (1963-2001) Vorgänger der Afrikanischen Union (AU)
OECD	Organisation for Economic Cooperation and Development = Organisation für wirtschaftliche Zusammenarbeit und Entwicklung
S&D	Special and Differential Treatment = Sonderbehandlung der Entwicklungsländer (in der WTO)
TRIPS	Trade-related Aspects of Intellectual Property Rights = Rechte geistigen Eigentums
UNCTAD	United Nations Conference on Trade and Development = UN-Konferenz für Handel und Entwicklung (dominiert von den Entwicklungsländern)

Ursprung, Struktur und Idee der Welthandelsorganisation (WTO)

Nachdem die Havanna-Charta zur Etablierung der Internationalen Handelsorganisation (ITO) nach dem Zweiten Weltkrieg gescheitert war, trat 1948 das Allgemeine Zoll- und Handelsabkommen GATT (*General Agreement on Tariffs and Trade*) als Teilstück der Charta in Kraft, um zumindest „in den Kernbereichen der Welthandelsbeziehungen eine Liberalisierung in Gang zu setzen, die endgültig mit der Hochzollpolitik und insgesamt dem Protektionismus, der vor allem im Zuge der Weltwirtschaftskrise aufgekommen war, brach."[1]

Im Laufe der sogenannten Uruguay-Runde von 1986-1993 einigten sich die Mitglieder des GATT, das System des Welthandels entscheidend zu modernisieren, „das bislang ambitionierteste Völkerrechtsprojekt im Weltwirtschaftsystem erfolgreich zu beenden und eine neue Rechtsordnung institutionalisierter internationaler Kooperation ins Leben zu rufen."[2] Damit wurde am 1. Januar 1995 die Welthandelsorganisation (WTO) als völkerrechtswirksame Institution geboren.

Die WTO bestand am 1. Februar 2005 aus 148 Mitgliedsstaaten und 31 assoziierten Staaten mit Beobachterstatus (wie z.B. Russland).[3] Sie ist die einzige international anerkannte Vertragsinstitution im Bereich des Welthandels,[4] ist aber, im Vergleich zu ihren Partnerorganisationen Internationaler Währungsfonds (IWF) und Weltbank (IBRD), keine Sonderorganisation der UN.[5] Ihre drei Säulen bilden der Warenhandel (GATT), der Dienstleistungshandel (GATS = *General Agreement on Trade in Services*) und die Rechte geistigen Eigentums (TRIPS = *Trade-Related Aspects of Intellectual Property Rights*).

Ideengeschichtlich steht die WTO in der Tradition der freien Außenhandelstheorie von David Ricardo[6]. Ihre Funktionen liegen in der Bereitstellung eines internationalen Forums für Handelspolitik, der Beobachtung von nationalen Handelspolitiken,

---

[1] Tietje, Christian (Hrsg.): Welthandelsorganisation, 3. Aufl., dtv, München 2005, S. IX
[2] ebd., S. X
[3] ebd., S. XIII
[4] Neuschwander, Thomas: WTO/GATT (Welthandelsorganisation). In: Woyke, Wichard (Hrsg.): Handwörterbuch Internationale Politik, 9. Aufl., Bundeszentrale für politische Bildung (bpb), Bonn 2004, S. 591-598, hier S. 591
[5] Beise, Marc: Die Welthandelsorganisation (WTO). Funktionen, Status, Organisation, Nomos, Baden-Baden 2001, S. 127 und 258-259
[6] siehe Ricardo, David: Über Grundlagen der politischen Ökonomie und Besteuerung, Metropolis, Marburg 1994

technischer Hilfe und Unterstützung für Entwicklungsländer sowie der Kooperation mit anderen internationalen Organisationen.[1] Die WTO soll im System des internationalen Handels als Ordnungshüterin fungieren und durch die Schaffung von Rechtssicherheit einen allgemeingültigen Ordnungsrahmen herstellen, der wohlfahrtsfördernde Effekte möglich macht.[2] Notwendige Eingriffe des Staates in die Wirtschaft sind hierbei ausdrücklich vorgesehen, es werden „jedoch völkerrechtlich verbindlich zu beachtende Grenzen gezogen, die in ihrer Systematik durch das Nichtsdiskriminierungsprinzip [Meistbegünstigung: Allgemeingültigkeit handelspolitischer Zugeständnisse zweier Mitglieder untereinander; Inländerbehandlung: Gleichbehandlung inländischer und importierter Waren][3] und das Prinzip offener Märkte gekennzeichnet sind"[4] und der Liberalisierung der Märkte durch den Abbau von Zöllen auf der Basis einer fairen Wettbewerbslage dienen.

Das generelle Ziel der WTO besteht in einer Verbesserung der Lebensverhältnisse und einer weltweit gerechteren Verteilung des Wohlstands, die durch allgemeinen Zugang auf die Weltmärkte und das freie Spiel der Kräfte auf den internationalen Märkten ermöglicht werden soll. Die Präambel des WTO-Übereinkommens nennt explizit die Entwicklungsländer und die am wenigsten entwickelten unter ihnen (LDCs = *Least Developed Countries*) und formuliert ausdrücklich den Anspruch, dass diese sich „einen Anteil am internationalen Handel sichern, der den Erfordernissen ihrer wirtschaftlichen Entwicklung entspricht."[5]

Im Folgenden soll die Entwicklung der Welthandelsorganisation seit Beginn der DOHA-Runde im Jahre 2001 aufgezeigt werden. Im Mittelpunkt stehen dabei die Ministerkonferenzen von Doha und Cancún sowie das Abkommen von Genf, das den aktuellen Stand der Handelsrunde widerspiegelt.

---

[1] Neuschwander: WTO/GATT, S.591
[2] Tietje: Welthandelsorganisation, S.XI
[3] Art.I GATT, Art.II GATS, Art.4 TRIPS bzw. Art.III GATT, Art.XVII GATS, Art.3 TRIPS
[4] Tietje: Welthandelsorganisation., S. XII
[5] ebd., S. 1

Die Ministerkonferenz von Doha[1]

Als oberstes und politisches Leitorgan der WTO fungieren die mindestens alle zwei Jahre zusammentretenden Ministerkonferenzen.[2] Nach den Konferenzen von Singapur und Genf, sowie den gescheiterten Verhandlungen von Seattle, fand im November 2001 in Doha, Katar, die vierte Ministerkonferenz der WTO statt, mit dem Ziel eine neue Welthandelsrunde einzuleiten.

Aufgrund der massiven Straßenproteste in Seattle war Doha mit Bedacht als Konferenzort gewählt worden. Denn wegen der eingeschränkten Meinungsfreiheit und einer fehlenden Zivilgesellschaft existieren in Katar keine NGOs (Nichtregierungsorganisationen), und angesichts der begrenzten Unterbringungsmöglichkeiten waren gar nicht erst viele WTO-Gegner oder Vertreter von NGOs vor Ort, weshalb die Konferenz nicht von außen gefährdet werden konnte.

Das Ziel der Konferenz, eine neue Welthandelsrunde einzuleiten, konnte nur mit einer Einigung über eine WTO-Agenda für die kommenden Jahre erreicht werden. Zu diesem Zweck wurden Arbeitsgruppen in allen Themenbereichen gebildet, um das in Seattle praktizierte ‚*green-rooming*' – informelle Verhandlungen einzelner Mitglieder hinter verschlossenen Türen – zu verhindern und die Verhandlungen somit offener und transparenter zu machen, was nur teilweise gelang, da neben den offiziellen Verhandlungen durchaus informelle Beratungen und Abstimmungen stattfanden und oft zwischen Transparenz und Effizienz entschieden werden musste. Zudem soll es auch zu Rücksprachen mit den Heimatregierungen gekommen sein. Neben mehr Transparenz und Partizipation wurden den Entwicklungsländern auch inhaltliche Konzessionen versprochen. Vor allem die EU propagierte den Begriff der ‚Entwicklungsrunde', ohne ihn allerdings zu konkretisieren.

Nach langwierigen Auseinandersetzungen einigten sich die Mitgliedsstaaten im Ergebnis auf eine allgemeine Erklärung (‚*Doha Declaration*'), welche die Singapur-Themen (Investitionen, Wettbewerb, öffentliches Beschaffungswesen und technische Handelserleichterungen), Umwelt, Landwirtschaft, Handel und soziale Entwicklung, Implementierung bestehender Abkommen sowie TRIPS und Gesundheit beinhaltete.

---

[1] vgl. Frein, Michael / Knirsch, Jürgen / Reichert, Tobias: Die WTO-Ministerkonferenz in Doha. In: Nord-Süd aktuell, 4 (2001), S. 745-756
[2] Tietje: Welthandelsorganisation, S. 2

Des Weiteren enthielt das Verhandlungspaket alle bereits laufenden Verhandlungen in den Bereichen GATS und Landwirtschaft. Damit war eine neue Handelsrunde (‚*Doha Development Round'*), die bis zum Jahr 2005 beendet werden sollte, eröffnet.

Im Folgenden sollen lediglich die beiden wichtigsten Bereiche, die Singapur-Themen und die Landwirtschaft, knapp erläutert werden. Das Thema Handel und soziale Entwicklung fließt in den Abschnitt „Die Diskussion um eine WTO-Sozialklausel" ein.

Singapur-Themen und Landwirtschaft[1]

Hauptstreitpunkt der Konferenz waren die von der EU favorisierten und vorangetriebenen Singapur-Themen. Dabei waren vor allem Verhandlungen über Investitionen und Wettbewerb vielen Entwicklungsländern (allen voran Indien) ein Dorn im Auge. Nach der Ablehnung des EU-Vorschlags, plurilaterale Verhandlungen zu führen, einigte man sich kurz vor dem Scheitern der Konferenz darauf, dass die Singapur-Themen frühestens nach zwei Jahren und nicht sofort verhandelt werden sollten, wenn sich bis dahin alle WTO-Mitglieder auf einen Konsens bezüglich der Verhandlungsmodalitäten verständigt hätten.

Im Bereich der Landwirtschaft standen die USA und die Cairns Group (eine Koalition aus 17 landwirtschaftlich exportierenden Ländern)[2], die eine schnelle und weitergehende Marktöffnung und Subventionsabbau forderten, der EU, Japan, Norwegen und der Schweiz gegenüber, die eine vollständige Liberalisierung ablehnten und dabei auf nicht handelsbezogene Anliegen wie Umwelt-, Verbraucherschutz und Landschaftspflege verwiesen. Die EU, insbesondere Frankreich, wehrte sich zudem explizit gegen eine in Aussicht gestellte Abschaffung der Exportsubventionen als Verhandlungsziel. Letztlich stimmte sie Verhandlungen, die auf das Auslaufen der Exportsubventionen gerichtet sind, mit dem Hinweis, dass kein Handelsergebnis vorweg genommen werde, zu. Dagegen konnte sich eine Gruppe von Entwicklungsländern (Pakistan, Sri Lanka, Uganda, Kenia, Kuba, Dominikanische Republik), unterstützt von Nigeria als Sprecher der Organisation Afrikanischer Einheit OAU (*Organisation for African Unity*), mit ihrer Forderung nach einer ‚*Development Box'* (weitgehende Ausnahmeregelungen für Entwicklungsländer zugunsten von

---

[1] Frein / Knirsch / Reichert: Die WTO-Ministerkonferenz in Doha, S. 748-749 und 752-753
[2] Argentinien, Australien, Bolivien, Brasilien, Chile, Costa Rica, Guatemala, Indonesien, Kanada, Kolumbien, Malaysia, Neuseeland, Paraguay, Philippinen, Südafrika, Thailand, Uruguay

Ernährungssicherheit und ländlicher Entwicklung), nicht durchsetzen, erreichte aber immerhin, dass Ansatzpunkte zu einer weiteren Behandlung dieser Frage in die Agenda aufgenommen wurden.

Die Diskussion um eine WTO-Sozialklausel[1]

Ein eher am Rande behandeltes Thema der DOHA-Konferenz war der Verhandlungspunkt Handel und soziale Entwicklung, also die Diskussion um eine Verknüpfung von Handelspolitik mit sozialen Mindeststandards (Sozialklauseln, Kernarbeitsnormen oder Kernarbeitnehmerrechten). Nachdem sich die Industrieländer (vor allem die EU) mit ihren Forderungen nach der Aufnahme sozialpolitischer Ziele in die Welthandelsordnung gegenüber den Entwicklungsländern nicht durchsetzen konnten, steht dieses Thema nicht auf der Agenda der DOHA-Runde und entzieht sich damit der Zuständigkeit der WTO.

Zwar hat die Internationale Arbeitsorganisation (ILO), eine Sonderorganisation der UNO, bereits allgemein anerkannte und für die Unterzeichner der ILO-Konventionen völkerrechtlich verbindliche Prinzipien sozialer Standards festgelegt (Beseitigung von Kinderarbeit, Verbot von Zwangsarbeit, Nichtdiskriminierung in Beruf und Beschäftigung, u.a.). Diese werden aber dennoch in vielen Ländern nicht eingehalten. In Bezug auf die WTO wird deshalb die Einführung von Sozialklauseln in Handelverträgen diskutiert, um so grundlegende Kollektiv- und Individualrechte im Sinne der ILO-Standards verbindlich festzuschreiben.[2]

Die Idee von WTO-Sozialstandards ist, soziale Grundsicherung und fundamentale Arbeitnehmerrechte zu gewährleisten, indem man deren Einhaltung mit der Erlaubnis des Marktzugangs verknüpft, und dadurch die Möglichkeit schafft, im Falle von Missachtung Sanktionen (sprich Strafzölle) zu verhängen.[3] Sozialklauseln sollen die Rahmenbedingungen für die internationale Arbeitsteilung verbessern, Sozialdumping und daraus entstehenden wirtschaftlichen oder sozialen Schaden durch Importe aus Ländern, in denen soziale Mindeststandards nicht eingehalten werden, vermeiden und die Verlagerung von Arbeitsplätzen in Billiglohnländer verhindern.

---

[1] Großmann, Harald: Soziale Mindeststandards, internationale Arbeitsteilung und wirtschaftliche Entwicklung. In: Nord-Süd aktuell, 1 (2004), S. 118-124
[2] Beise: Die Welthandelsorganisation (WTO), S. 140
[3] Greven, Thomas / Scherrer, Christoph: Globalisierung gestalten. Weltökonomie und soziale Standards, Bundeszentrale für politische Bildung (bpb), Bonn 2005, S. 140

„Verschiedene US-Regierungen haben ab 1953 eine GATT bzw. WTO-Sozialklausel gefordert, die allerdings – bis zur WTO-Ministertagung 1999 – keinerlei Unterstützung außerhalb der skandinavischen Länder und Frankreichs fand."[1]

Die Ablehnung der Entwicklungs- und Schwellenländer (angeführt von Malaysia) in Doha speiste sich vor allem aus den durchaus bedenkenswerten Argumenten, dass die reichen Länder über Handelsverträge ihre nationalstaatliche Souveränität in Fragen des Arbeitsrechts sowie der Wirtschafts- und Sozialpolitik einschränken könnten, und dass Sozialklauseln zugunsten von Protektionismus missbraucht werden könnten. Da sich Verstöße gegen soziale Mindeststandards nicht immer eindeutig identifizieren lassen, würde es den Industrieländern leichter fallen Marktzugangsbarrieren zu errichten. Zudem sind einige Länder aufgrund ihres Entwicklungstandes nicht in der Lage, die Kosten einer Umsetzung von Kernarbeitsnormen zu tragen. Daraus erwächst die Kritik gegenüber einem handelspolitischen Ansatz zur Lösung sozialer und humanitärer Fragen, die vielmehr den „Aufbau einer effektiven Infrastruktur sowie die Veränderung der sozialpolitischen Situation in den Entwicklungsländern, insgesamt [...] Hilfe zur Selbsthilfe"[2] fordert.

Ohnehin haben die USA zu Beginn der Präsidentschaft Bush – anders als die EU – ihre Forderung nach Sozialklauseln aufgegeben. So wurde in Doha zwar ein weiteres Mal die Zusammenarbeit zwischen der WTO und der Internationalen Arbeitsorganisation (ILO) betont, jedoch bestehen offensichtlich keinerlei Ambitionen diese über eine informelle Ebene hinaus auszudehnen.[3] Der EU-Vorschlag, einen multi-institutionellen Dialog zwischen WTO, ILO, UNCTAD (*United Nations Conference on Trade and Development*) der Weltbank und dem IWF einzurichten, wurde abgelehnt.[4] Die Auseinandersetzung um eine WTO-Sozialklausel entspricht allerdings nicht dem Nord-Süd-Konflikt, sondern eher einem Gegensatz von Arbeit und Kapital, wie die Ablehnung von Arbeitnehmervertretern der Industrieländer sowie die Zustimmung von Gewerkschaften in den Entwicklungsländern zeigt.[5]

---

[1] Greven / Scherrer: Globalisierung gestalten, S. 144
[2] Beise: Die Welthandelsorganisation (WTO), S. 140
[3] Greven / Scherrer: Globalisierung gestalten, S. 140-141
[4] Frein / Knirsch / Reichert: Die WTO-Ministerkonferenz in Doha, S. 753
[5] Greven / Scherrer: Globalisierung gestalten, S. 146

In Anbetracht der Abwanderung internationaler Konzerne in Entwicklungsländer bzw. der Verlagerung von Arbeitsplätzen in Billiglohnländer, wird das Thema der sozialen Mindeststandards mit Sicherheit weiterhin in der Diskussion bleiben. Die Industrieländer sind hierbei gefordert Alternativen zu erarbeiten, die für die Entwicklungsländer umsetzbar sind und gleichzeitig deren Zugang zum Weltmarkt nicht gefährden.

Jedoch sollten Verhandlungen über soziale Mindeststandards nicht im Rahmen der WTO geführt werden, denn die WTO müsste zur deren Einhaltung ihre Mitgliedsstaaten zur Ergreifung von Handelssanktionen verpflichten, was ihrer grundsätzlichen Zielrichtung, der Liberalisierung des Welthandels, diametral entgegensteht. Der Wirtschafts- und Sozialrat der UN (ECOSOC = *Economic and Social Council*) scheint beispielsweise besser geeignet zu sein, gerade da die Verletzung von Sozialstandards eng mit der Frage nach Menschenrechtsverletzungen, einem zentralem Zuständigkeitsbereich der UN, verknüpft ist.

Von Doha nach Cancún

Zwar fielen die Ergebnisse der Ministerkonferenz von Doha unterschiedlich aus, immerhin war aber die Agenda für eine neue Welthandelsrunde verabschiedet worden. Im Dezember 2001, wenige Wochen nach der Doha-Konferenz, vollzog dann China den Beitritt zur WTO.[1] Die Aufnahme wurde von Befürchtungen begleitet, dass der Weltmarkt nun noch leichter mit chinesischen Billigprodukten überschwemmt werden könnte und in China selbst die Arbeitslosigkeit im Agrarbereich und somit auch die Städteflucht exorbitant ansteigen könnten.[2] Es stellte sich auch die Frage, ob der Beitritt Chinas eher zu einer Stärkung oder einer Spaltung der Entwicklungsländer führen würde.[3]

Im WTO-Apparat vollzog sich im September 2002 eine entscheidende Veränderung. Der Thailänder Supachai Panitchpakdi wurde neuer WTO-Generaldirektor.[4] Nach dem Neuseeländer Mike Moore (1999-2002) wurde damit erstmals ein Angehöriger eines

---

[1] zum Beitritt Chinas und seiner Auswirkungen siehe auch Hamada, Koichi: China´s entry into the WTO and its impact on the global economic system. In: Moore, Mike (ed.): Doha and Beyond. The Future of the Multilateral Trading System, Cambridge University Press, Cambridge 2004, S. 26-45
[2] Nord-Süd aktuell, 4 (2001), S. 574
[3] Frein / Knirsch / Reichert: Die WTO-Ministerkonferenz in Doha, S. 756
[4] Jawara, Fatoumata / Kwa, Aileen: Behind the scenes at the WTO: the real world of international trade negotiations, Zed Books, London/New York 2003, S. 232-235

Entwicklungslandes Generaldirektor der WTO bzw. des GATT. Für die Entwicklungsländer, die sich maßgeblich für ihn eingesetzt hatten, verband sich mit ihm die Hoffnung, dass ihre Interessen in der WTO mehr Berücksichtigung fänden.

Natürlich kam es auch zwischen den Ministerkonferenzen von Doha und Cancún zu kleineren Handelskonferenzen mit verschiedenen WTO-Mitgliedern (z.b. Sydney, November 2002 oder Tokio, Februar 2003)[1], auf deren Darstellung aber aufgrund ihrer geringen Bedeutung verzichtet werden soll.

Das Scheitern der Ministerkonferenz von Cancún[2]

Im September 2003 fand schließlich die fünfte WTO-Ministerkonferenz in Cancún, Mexiko, statt. Wie in Doha waren die beiden Hauptstreitpunkte die Liberalisierung des Agrarhandels und die Aufnahme von Verhandlungen über die Singapur-Themen. Neben dem Thema Marktzugang bei nicht-agrarischen Gütern (NAMA = *Non-Agriculture Market Access*) kam auch dem Thema Baumwolle zum ersten Mal größere Bedeutung zu. In anderen Themenfeldern wie der Sonderbehandlung der Entwicklungsländer (S&D = *Special and Differential Treatment*), der geistigen Eigentumsrechte (TRIPS) oder öffentlicher Gesundheit waren bereits die Verhandlungsfristen vor Konferenzbeginn nicht eingehalten worden.[3]

In der Agrarfrage kam es zu einer Blockkonfrontation zwischen Industrie- und Entwicklungsländern. Nachdem sich die USA und die EU noch vor Konferenzbeginn auf einen gemeinsamen Kompromiss geeinigt hatten, der unter anderem die fortgeschrittenen Entwicklungsländer zur Öffnung ihrer Märkte aufforderte, und an dem sich auch der Agrarteil des Entwurfs für die Ministererklärung orientierte, reagierten die Entwicklungsländer mit einem informellen Zusammenschluss unter der Führung Brasiliens, der sogenannten G20.[4] Diese beanspruchte für sich repräsentativen Charakter und bewährte sich als ‚Stimme der Entwicklungsländer'.[5] Hohes politisches Gewicht erlangte die G20 auch durch die Mitgliedschaft Chinas, das sich zum ersten Mal einer Gruppe in der WTO anschloss. Die G20 forderte „die Abschaffung aller

---

[1] Jawara / Kwa: Behind the scenes at the WTO, S. 230
[2] Liebig, Klaus: Die Welthandelsordnung nach Cancún. In: Nord-Süd aktuell, 1 (2004), S. 62-66
[3] Decker, Claudia / Mildner, Stormy: Wo war der Wille in Cancún? Der Fehlschlag der WTO-Ministerkonferenz. In: Internationale Politik, 10 (2003), S. 57-60, hier S. 57
[4] zum Zwecke der Einheitlichkeit verwende ich trotz unterschiedlicher Literaturangaben (G20, G21, G21+) im Folgenden die Bezeichnung G20: Brasilien, Indien, China, Südafrika, Mexiko, Nigeria u.a.
[5] zit. nach Liebig: Die Welthandelsordnung nach Cancún, S. 63

handelsverzerrenden Subventionen bei weit reichenden Ausnahmeregelungen für Entwicklungsländer"[1] und weigerte sich, den Entwurf der Ministererklärung als Verhandlungsgrundlage zu akzeptieren. Verhandlungen ergaben einen zweiten, ebenso vom US-EU-Papier geprägten Entwurf. Daraus ergab sich ein Leerlauf in den Agrarverhandlungen, der zu einer Lähmung in allen anderen Verhandlungsbereichen führte.

Bei der Aufnahme von Verhandlungen über die Singapur-Themen trat ebenso ein offener Nord-Süd-Konflikt hervor. Während die EU, gemeinsam mit Japan und Südkorea, vehement an Verhandlungen aller vier Themen festhielt und eine Aufteilung der Themen zunächst ablehnte, hatte eine Gruppe afrikanischer Länder bereits einen Monat vor Verhandlungsbeginn die Aufnahme von Verhandlungen zu den Sinagpur-Themen rigoros abgelehnt.[2] Auch auf der Konferenz zeigten die afrikanischen Staaten sowie eine Gruppe von 70 Entwicklungsländern unter der Führung von Indien und Malaysia keinerlei Gesprächsbereitschaft, besonders bei Investitionen und Wettbewerb. Im Bereich der Investitionen ging es vor allem darum, verbindliche Regeln in Form eines multilateralen Investitionsabkommens (MAI), wie es im Rahmen der OECD (*Organisation for Economic Cooperation and Development*) in den 90er Jahren ausgehandelt worden war, festzulegen, um auf diese Weise Rechtssicherheit zu erlangen.[3] Nachdem das Thema Wettbewerb bereits im zweiten Entwurf der Ministererklärung fehlte, bot die EU kurz vor Ende der Konferenz an, auf das Thema Investitionen zu verzichten. Aufgrund der verhärteten Fronten bestanden die afrikanischen Staaten aber auf dem Ausschluss aller Singapur-Themen, während Japan und Südkorea an der Forderung, alle vier Themen zu verhandeln, festhielten.

Relativ überraschend wurde auch das Thema Baumwolle zu einem entscheidenden Verhandlungspunkt in Cancún. Die afrikanischen Länder Benin, Mali, Burkina Faso und Tschad hatten dazu wenige Monate vor der Konferenz eine Baumwollinitiative eingebracht, in der sie ein Auslaufen aller Baumwollsubventionen bis zum Jahr 2006 forderten. Davon betroffen wären vor allem die USA (25.00 Bauwollproduzenten, 3

---

1 Decker / Mildner: Wo war der Wille in Cancún?, S. 57
2 Hoering, Uwe: Ein Weckruf für die Industrieländer. Globalisierung gestalten nach der gescheiterten WTO-Ministerkonferenz in Cancún. In: Zeitschrift Entwicklungspolitik, 19 (2003), S. 21-24, hier S. 21
3 Piper, Nikolaus: Ein Gespenst namens MAI. Warum die Verhandlungen am Streit um Regeln für internationale Investitionen gescheitert sind, In: Süddeutsche Zeitung, Nr. 213 (16.9.2003); zum MAI siehe auch Glunk, Fritz (Hrsg.): Das MAI und die Herrschaft der Konzerne. Die Veränderung der Welt durch das Multilaterale Abkommen über Investitionen, dtv, München 1998

Mrd. US$ Subventionen pro Jahr)[1], die deshalb erfolgreich darauf drängten, das Thema auf unbestimmte spätere Verhandlungen zu verschieben. Aufgrund der offensichtlichen Ungerechtigkeit und der eindeutigen Widersprüchlichkeit der Industrieländer in diesem Bereich, wurde Baumwolle zum Symbolthema von Cancún.

Die Verhandlungen über den Marktzugang nicht-landwirtschaftlicher Produkte (NAMA) – Kern der Welthandelsordnung – gerieten zugunsten der anderen drei Themen in den Hintergrund. Aufgrund der stockenden Agrarverhandlungen, kam es auch hier nicht zu Fortschritten. Die Entwicklungsländer zeigten kaum Bereitschaft, den Forderungen der USA und der EU, nach Beseitigung von Importhindernissen, nachzukommen, verlangten jedoch – möglicherweise aus taktischen Gründen im Bezug auf den Agrarbereich – zugleich Zollsenkungen von den Industrieländern.

Daher kam es in keinem der entscheidenden Verhandlungsbereiche zu einem für alle Mitgliedsstaaten akzeptablen Ergebnis. Im Gegenteil: in der Landwirtschaft und bei den Singapur-Themen bestanden offene Grabenkämpfe. Infolgedessen scheiterte die Konferenz von Cancún.

Die Ursachen des Scheiterns

Um die Frage nach den Gründen für das Scheitern der Konferenz von Cancún zu beantworten, ist es notwendig, die konkreten Vorgänge, die sich gegen Ende der Konferenz ereigneten und zu deren Ende führten, genauer zu untersuchen.

Nachdem auch der zweite Entwurf der Ministererklärung dem US-EU-Kompromiss sehr entgegenkam, stockten die Verhandlungen vor allem im für die Entwicklungsländer so entscheidenden Agrarbereich. Da die Forderung der G20 nach Abschaffung aller handelsverzerrenden Agrar- und Bauwollsubventionen von den USA und der EU als unerfüllbare Maximalforderung abgelehnt worden war, beging der Vorsitzende, der mexikanische Außenminister Luis Derbez, den Fehler, die umstrittenen Singapur-Themen in den Mittelpunkt der Verhandlungen zu rücken, obwohl mehrere Entwicklungsländer deren Behandlung kategorisch ablehnten.[2] In der letzten Verhandlungsnacht versuchte die EU schließlich, durch einen Verzicht auf die Themen Investitionen und Wettbewerb, die Verhandlungen noch zu retten. Doch nicht

---

[1] Liebig: Die Welthandelsordnung nach Cancún, S. 64
[2] Decker / Mildner: Wo war der Wille in Cancún?, S. 57

nur die afrikanischen Staaten und die G20 zeigten sich unnachgiebig (Kenia und Indien verließen vorzeitig die Verhandlungen[1], woraufhin die Konferenz abgebrochen wurde), sondern daneben waren auch Japan und Südkorea nicht bereit der EU zu folgen.

Die unübersichtlichen Vorgänge und die allgemeine Konfusion zum Ende der Konferenz erschweren eine eindeutige Ursachenanalyse des Scheiterns. So ist denn wohl auch keinem bestimmten Akteur eine Alleinschuld zuzuschreiben.

Der EU-Handelskommissar Pascal Lamy wird auf der einen Seite als Hauptverantwortlicher des Scheiterns ausgemacht,[2] da er – sogar im Gegensatz zum US-Handelsbeauftragten Robert Zoellick – unnachgiebig auf einer Verhandlung der Singapur-Themen beharrte. Auf der anderen Seite wird ihm zugeschrieben, für den Erfolg der Konferenz intensiv gerungen zu haben.[3] Indes brachte der zweite Entwurf für die Ministererklärung nicht zum Ausdruck, dass Kompromissbereitschaft bei der EU und den USA bestanden hätte. Vor allem die EU war nicht bereit, ihre Agrarsubventionen ohne Gegenleistungen zu kürzen, was nicht in Übereinstimmung mit ihrer Rhetorik einer Entwicklungsrunde zu bringen ist,[4] und deshalb heuchlerisch wirkt. Den Entwicklungsländern wird der Vorwurf gemacht, eine mögliche Einigung zum Konferenzende durch das vorzeitige Verlassen der Verhandlungen unmöglich gemacht zu haben. Dieser Vorwurf richtet sich vor allem an Kenia, das die Konferenz als erstes Land verließ, gefolgt von den karibischen Staaten.[5] Dieser Verhandlungsabbruch stand aber nicht im Zusammenhang mit der G20, der durchaus Kompromissbereitschaft nachgesagt wurde.

> „Nicht Indien oder die G21plus haben die Konferenz gesprengt, wie fälschlich immer wieder der Eindruck in der Presse und durch unsere Regierung erweckt wurde, sondern einige der ärmsten Länder. Die G21plus hätten dagegen – statt unter Protest den Raum zu verlassen, als der letzte Verhandlungsvorschlag unterbreitet wurde – sich mit unakzeptablen Positionen der Industrieländer zu arrangieren versucht."[6]

---

[1] Hagelüken, Alexander: Welthandelsorganisation in Cancún gescheitert. In: Süddeutsche Zeitung, Nr. 212 (15.9.2003)
[2] Hoering, Uwe: Cancún: Die Rückkehr des Südens. In: Zeitschrift Entwicklungspolitik, 18 (2003), S. 4-5
[3] Bläske, Gerhard: Unter Zeitdruck. EU-Kommissar Pascal Lamy kämpfte bis zum Schluss um einen Kompromiss. In: Süddeutsche Zeitung, Nr. 213 (16.9.2003)
[4] Liebig: Die Welthandelsordnung nach Cancún, S. 65
[5] Buntzel-Cano, Rudolf: Auf dem Rücken der Armen? Nichtregierungsorganisationen begrüßen das Scheitern von Cancún im Agrarbereich. In: Zeitschrift Entwicklungspolitik, 19 (2003), S. 25-28
[6] ebd., S. 26

Erwähnt werden muss auch die besonders ungeschickte Verhandlungsführung des mexikanischen Außenministers Luis Derbez, der ebenfalls zum Misslingen der Konferenz beitrug, indem er die Singapur-Themen in den Vordergrund stellte und nach dem Auszug der afrikanischen Staaten die Gespräche frühzeitig abbrach, was als „diplomatische Panne"[1] eingestuft wurde und ihm von einigen EU-Delegationen den Vorwurf einbrachte, nicht alle Verhandlungsmöglichkeiten ausgenutzt und voreilig aufgegeben zu haben, während die NGOs das aus ihrer Sicht undemokratische, intransparente und willkürliche Verfahren beklagten.[2]

Schlussfolgernd lässt sich schließlich das Fazit ziehen, dass diverse Ursachen und das Verhalten mehrerer Akteure zu einem Misserfolg der Verhandlungen beigetragen haben. Zwar wirkt der Abbruch der Verhandlungen äußerst unglücklich, er lässt sich jedoch klar erklären, dadurch dass die EU und die USA stur an ihren Positionen in der Landwirtschaft festhielten, während die G20 Maximalforderungen stellten und die afrikanischen Staaten mit dem Verlassen der Konferenz vorschnell überreagierten. So ist die Ministerkonferenz von Cancún letztlich an „einer unheiligen Kombination aus nördlichem Interessenegoismus und südlicher Hartnäckigkeit, gepaart mit Frustration und Zorn"[3] gescheitert.

Die Rolle der NGOs in Cancún

Das Verhalten der Nichtregierungsorganisationen scheint ebenfalls wesentlichen Einfluss auf den Konferenzverlauf in Cancún gehabt zu haben. Auf der Ministerkonferenz von Seattle 1999 waren die NGOs zum ersten Mal als bedeutender Akteur in Erscheinung getreten. Auch in Bezug auf Cancún wird ihnen zugeschrieben, eine entscheidende Rolle gespielt zu haben. Dabei standen sie eindeutig auf der Seite der Entwicklungsländer, mit denen sie bisweilen auch kooperierten.

> „Sowohl die Umwelt- als auch Entwicklungs-NROs haben fast unisono der Gruppe der Entwicklungsländer G21plus den Rücken gestärkt."[4]

---

[1] Piper: Ein Gespenst namens MAI
[2] Hoering: Cancún: Die Rückkehr des Südens S. 5
[3] Tetzlaff, Rainer: Cancún gescheitert – ein Signal der Verzweiflung an die Industriestaaten. In: Gegenwartskunde. Gesellschaft – Wirtschaft – Politik (GWP), 4 (2003), S. 415- 418, hier S. 416
[4] Buntzel-Cano: Auf dem Rücken der Armen?, S. 25

Ihre enge Zusammenarbeit mit Regierungen der Entwicklungsländer ergab sich vor allem daraus, dass – im Gegensatz zu Seattle – nicht umstrittene Themen wie Umwelt oder soziale Mindeststandards, sondern Agrarhandel und Investitionen die Agenda bestimmten, Themen, zu denen gemeinsame Positionen bestanden.[1] Dabei waren die NGOs bemüht, moralischen Druck auf die Industrieländer auszuüben, die Entwicklungsländer in ihrem Widerstand gegen deren Agenda in politischen und technischen Fragen zu unterstützen und die internationale Öffentlichkeit zu mobilisieren.[2] Neben der engen Abstimmung mit vielen Delegationen, war es vor allem auch die gekonnte mediale Inszenierung, mit der es den immer professioneller organisierten NGOs gelang, die Aufmerksamkeit auf ihre Kritik an den Industriestaaten zu lenken.[3]

Eine Bewertung der NGOs fällt äußerst schwierig und muss sehr differenziert vorgenommen werden. Auf der einen Seite wird betont, dass sie sich legitimer Mittel einer pluralistischen Demokratie bedienen, um ihr Recht auf Widerstand gegen eine Übermacht der Industrieländer zu artikulieren.[4] Auf der anderen Seite kann man ihren Einfluss aber durchaus als destruktiv in Bezug auf den Verhandlungsverlauf und dessen Ergebnis bewerten. Der abschließend vorgelegte Textentwurf stieß auf ihre radikale Ablehnung und wurde als empörend und beleidigend zurückgewiesen.[5] Während dies noch verständlich erscheinen mag, mutet der Jubel der überwiegenden Mehrheit der NGOs über das Scheitern der Konferenz grotesk an, haben sie doch damit, außer einer stolzen Brust, vor allem für die Menschen in den Entwicklungsländern nichts erreicht. Sowohl in Bezug auf die Cancún-Konferenz als auch die allgemeine Entwicklung der letzten Jahre insgesamt betreffend, lässt sich jedoch feststellen, dass die NGOs deutlich an Einfluss gewonnen haben und als ‚dritter Sektor‘ zwischen Staat und Markt, als Netzwerk transnationaler Regime, inzwischen eine nicht mehr zu vernachlässigende Größe als Akteur von Global Governance im interdependenten internationalen System darstellen.[6]

---

[1] Liebig: Die Welthandelsordnung nach Cancún, S. 64
[2] Bello, Walden: The Meaning of Cancun. The implications of the collapse of the Fifth Ministerial Conference of The World Trade Organization (WTO). In: Zeitschrift Entwicklungspolitik, 19 (2003), S. 32-33
[3] Hoering: Cancún: Die Rückkehr des Südens, S. 5
[4] Liebig: Die Welthandelsordnung nach Cancún, S. 64
[5] Hoering: Cancún: Die Rückkehr des Südens, S. 4
[6] Leggewie, Claus: Die Globalisierung und ihre Gegner, C.H. Beck, München 2003, S. 109-110

Die Bedeutung der Cancún-Konferenz

Neben der neuen Rolle der NGOs als zentralem Akteur, hat die Konferenz von Cancún gerade durch ihr Scheitern die veränderte Situation der WTO, eine neue Akteurskonstellation mit neuen Bedingungen, deutlich vor Augen geführt. Das Erstaunliche am Abbruch der Verhandlungen von Cancún war, dass die Repräsentanten der Entwicklungsländer den Industrieländern erstmals deutlich gemacht haben, dass sie nicht um jeden Preis verhandeln und diese „regelrecht im Regen stehen ließen."[1] Der Zusammenschluss verschiedener Entwicklungsländer zur G20 und die Zugehörigkeit so starker Länder wie China, Indien und Brasilien schufen einen entwicklungspolitischen Machtblock, den es so in der WTO zuvor noch nie gegeben hatte. Zugunsten einer geschlossenen Entwicklungsländerhaltung haben sich andere Bündnisse von Entwicklungsländern (AKP-Staaten, LDCs, Afrikanische Union) der G20 untergeordnet und so eine Spaltung der Entwicklungsländer vermieden.[2] Daraus ergab sich eine Gegenüberstellung zweier Blöcke: der G20 und die Industrieländer. Somit kam es in Cancún zum politischen Ausdruck des Nord-Süd-Konflikts und „einer neuen Geographie im internationalen Handel."[3] In Seattle waren die Konfliktlinien noch zwischen den beiden mächtigsten WTO-Mitgliedern, USA und EU, verlaufen. Nach ihrer Einigung mussten diese sich in Cancún einer unerwarteten Konfrontation mit der G-20 der Entwicklungsländer auseinandersetzen.

> „Was in Cancun Realität wurde, ist der Abschied vom GATT bzw. WTO alter Prägung,
> d.h. dass die Industriestaaten bestimmen, was freier Welthandel ist und was vermeintlich
> allen Ländern am besten hilft."[4]

Zum ersten Mal zeigte sich, dass die WTO den Großmächten USA und EU nicht mehr als Mittel zur Durchsetzung ihrer Interessen gegenüber den Entwicklungsländern dient.[5] Damit hat die Konferenz von Cancún deutlich gemacht, dass Verhandlungen über Globalisierung und eine faire und gerechtere Welthandelsordnung auf eine neue Grundlage gestellt werden müssen,[6] was sogar der Präsident der Weltbank, James

---

[1] Tetlaff: Cancún gescheitert – ein Signal der Verzweiflung an die Industriestaaten, S. 415
[2] Buntzel-Cano: Auf dem Rücken der Armen?, S. 25
[3] zit. nach Decker, Claudia / Mildner, Stormy: Die neue Macht der Entwicklungsländer. Globale Ambitionen – regionale Verantwortung. In: Internationale Politik, 3 (2005), S.
[4] Bentrup, Hans-Hermann: Eröffnung. In: Agrarsoziale Gesellschaft (Hrsg.): Wie geht´s weiter? WTO - Agrarpolitik zwischen Liberalisierung und globaler Gerechtigkeit, Göttingen 2004, S. 5-7 , hier S. 5
[5] Bello: The Meaning of Cancun, S. 32
[6] Hoering: Ein Weckruf für die Industrieländer, S. 21

Wolfensohn, erklärte: „Die Geburt der Gruppe [G20] in Cancún stellt die Schaffung eines neuen Paradigmas in den globalen Finanzbeziehungen des 21. Jahrhunderts dar."[1]

Multilateralimus contra Bilateralismus und Regionalismus

Nachdem die Industrieländer unter dieser neuen Konstellation kein für sie befriedigendes Verhandlungsergebnis erzielen konnten, kündigte der US-Handelsbeauftragte Zoellick bereits auf der abschließenden Pressekonferenz in Cancún an, dass die USA infolge des nicht zustande gekommenen Kompromisses wieder verstärkt auf bilaterale Abkommen setzen werden.[2]

Aus solchen bilateralen Tendenzen könnte sich eine gefährliche Entwicklung für den multilateralen Handel, vor allem aber für die Entwicklungsländer ergeben, wie sich schon wenige Tage nach Cancún mit dem Austritt Kolumbiens und Perus aus der G20, zugunsten von bilateralen Verhandlungen mit den USA, gezeigt hat.[3] Für die Entwicklungsländer bestehen zahlreiche Argumente, die für multilateralen Handel und gegen Bilateralismus sprechen, weshalb sie auch nach dem Scheitern von Cancún ein Bekenntnis zur WTO und zum multilateralen Handelsystem abgaben.[4]

Anders als im multilateralen Handelssystem der WTO, bedeuten regionale und bilaterale Handelsabkommen nicht nur weniger Transparenz und mehr Diskriminierung in den Handelsverträgen, sondern es besteht auch die Gefahr, dass die schwächsten und ärmsten Staaten außen vor bleiben,[5] da die Entwicklungsländer dann einzeln dem Druck der Industriestaaten ausgesetzt sind.[6]

> „Multilaterale Abkommen haben Vorteile vor allem für kleine Länder, die ihre Interessen besser in internationalen Verhandlungen einbringen und bündeln können, als wenn sie nur mit einem – eventuell wirtschaftlich starken – Partner verhandeln."[7]

---

[1] zit. nach Hoering: Ein Weckruf für die Industrieländer, S. 22
[2] Hagelüken, Alexander: USA drohen mit Alleingang im Welthandel. In: Süddeutsche Zeitung, Nr. 213 (16.9.2003)
[3] Liebig: Die Welthandelsordnung nach Cancún, S. 65
[4] Hoering: Ein Weckruf für die Industrieländer, S. 22
[5] Mbrimi, Ivan: Introduction. In: Mbrimi, Ivan / Chilala, Bridget / Grynberg, Roman: From Doha to Cancun,. Delivering a Development Round, Commonwealth, Secreteriat, London 2003, S. 2
[6] Tetzlaff: Cancún gescheitert – ein Signal der Verzweiflung der Industriestaaten, S. 415
[7] Schulz-Greve, Willi: Stellungnahme zum Tagungsthema. In: Agrarsoziale Gesellschaft (Hrsg.): Wie geht´s weiter? WTO – Agrarpolitik zwischen Liberalisierung und globaler Gerechtigkeit, Göttingen 2004, S. 15-24, hier S. 16

Gleichwohl läge es auch im Interesse der Industrieländer an multilateralen Abkommen festzuhalten, denn nur so kann eine vorteilhafte Kohärenz zwischen den verschiedenen Handelsbereichen erzielt werden.

> „Ein größerer Rahmen erlaubt einen leichteren Ausgleich der unterschiedlichen Unteressen bei Gütern, Dienstleistungen, Landwirtschaft und handelspolitischen Themen und damit größere Fortschritte beim Abbau von Handelsschranken."[1]

Im Endeffekt werden Bi- und Multilateralismus weiterhin nebeneinander bestehen. Die Tendenz zum Multilateralismus, die sich in den letzten Jahren verstärkte, wird allerdings zugunsten des Bilateralismus wieder abnehmen, vor allem, was die USA anbelangt.

Neben dem Konzept des Bilateralismus ist auch ein zunehmender Regionalismus im internationalen Handelssystem zu erkennen. Neben der Europäischen Union bilden die Nordamerikanische Freihandelszone NAFTA (*North American Free Trade Association*)[2], der MERCOSUR (*Mercado Común del Sur*)[3] und die asiatisch-pazifische Wirtschaftskooperation APEC (*Asian Pacific Economic Cooperation*)[4] die größten regionalen Handelsbündnisse.

Während eine Entwicklung hin zur Stärkung regionaler Bündnisse zum einen als Gegensatz zu dem der in WTO institutionell verfestigten Multilateralismus, und damit als große Gefahr für die WTO angesehen wird,[5] spricht das WTO-Sekretariat selbst von der Möglichkeit, Verhandlungen zu regionalisieren und regionale Leitungsgruppen zu bilden.[6] Entgegen mancher Behauptung[7] ist nicht wirklich zu erkennen, dass regionale Freihandelszonen die WTO ernsthaft gefährdeten, da sich die WTO bzw. das GATT bereits zu sehr etabliert haben und regionale Bündnisse den Markt der 148 Mitglieder nicht annähernd abdecken können. Außerdem scheinen die bestehenden regionalen Handelsblöcke kein Interesse an Abschottung zu haben.

---

[1] Schulz-Greve, Willi: Stellungnahme zum Tagungsthema, S. 17
[2] USA, Kanada, Mexiko
[3] Brasilien, Argentinien, Uruguay und Paraguay
[4] ASEAN-Staaten, Australien, Chile, China, Japan, Kanada, Neuseeland, Papua-Neuginea, Südkorea, Taiwan, USA
[5] Beise: Die Welthandelsorganisation (WTO), S. 150-152
[6] Nord-Süd aktuell, 4 (2003), S. 562
[7] Beise: Die Welthandelsorganisation (WTO), S. 153

Das WTO-Abkommen von Genf[1]

Mit dem Scheitern der Ministerkonferenz von Cancún schien der Fortbestand der DOHA-Runde äußerst gefährdet. Nachdem die EU aber im Frühjahr 2004 überraschend zum ersten Mal angeboten hatte, alle Exportsubventionen im Agrarbereich abzuschaffen, und die Entwicklungsländer infolgedessen ebenso erstmals schützenswerte Interessen der Industriestaaten anerkannten[2], erreichten die 148 WTO-Mitglieder im Juli 2004 nach fünftägigen Verhandlungen eine Einigung auf ein Rahmenabkommen für die DOHA-Runde (*„July Package'*).[3] Durch die Bildung einer Fünf-Länder-Gruppe (EU, USA, Australien, sowie Brasilien und Indien als Repräsentanten der G20), die bereits vor Verhandlungsbeginn zusammenkam, konnte eine geeignete Grundlage für die Verhandlungen in Genf erstellt werden.

Das Abkommen beinhaltet die Bereiche Landwirtschaft, NAMA, Dienstleistungen, Handelserleichterungen (Abbau der Zollbürokratie) und Entwicklungsangelegenheiten. Die Industrieländer verpflichten sich darin, „ihre Exportsubventionen (EU) und Exportkredite (USA) sowie die handelsverzerrenden Exportpraktiken von staatlichen Handelsunternehmen zu einem bestimmten Zeitpunkt vollständig abzuschaffen."[4] Bei den Exportsubventionen der EU war der zunächst heftige Widerstand Frankreichs vom französischen EU-Handelskommissar, Pascal Lamy, und anderen EU-Staaten gebrochen worden, da kein konkretes Datum für die Abschaffung der Exportsubventionen vereinbart wurde, und somit sehr lange Übergangsfristen – Frankreichs Agrarminister Gaymard sprach von 2015 oder 2017 – erwartet werden. Gerade dieser Kompromiss scheint daher einer der Hauptkonfliktpunkte in zukünftigen Verhandlungen zu werden. Beim Thema Baumwolle, das seit Cancún an Bedeutung gewonnen hat, zeigten die USA Verhandlungsbereitschaft, erreichten allerdings, dass es weiterhin als Teil der Agrarverhandlungen, also nicht als eigener Verhandlungspunkt, auf der Agenda steht, laut Abkommen jedoch „ambitioniert und schnell"[5] verhandelt werden soll.

---

[1] Decker, Claudia: Eher Startschuss als Ziellinie. Das WTO-Abkommen von Genf. In: InternationalePolitik, 9 (2004), S. 87-90
[2] Liebert, Nicola: Agrarverhandlungen der WTO: Entwicklungsländer mit neuem Selbstbewusstsein. In: Zeitschrift Entwicklungspolitik, 13 (2004), S. 6
[3] WTO: Text of the 'July package' — the General Council's post-Cancún decision, WTO Website, URL www.wto.org/english/tratop_e/dda_e/draft_text_gc_dg_31july04_e.htm#h3, aufgerufen am 30.4.2005
[4] Decker: Eher Startschuss als Ziellinie, S. 87
[5] zit. nach Decker: Eher Startschuss als Ziellinie, S. 88

Im Bereich der Industrieprodukte einigte man sich auf generelle Zollsenkungen sowie auf drastische Senkungen in den für die Entwicklungsländer bedeutenden Sektoren, wobei die LDCs, die allerdings zu mehr Transparenz aufgefordert wurden, wiederum von diesen Verpflichtungen ausgenommen bleiben.

Die EU war bereit, die Singapur-Themen Wettbewerb, Investitionen und Transparenz im öffentlichen Beschaffungswesen, aufzugeben, nachdem der Beginn von Verhandlungen über technische Handelserleichterungen (Abbau der Zollbürokratie) vereinbart worden war. Des Weiteren sieht das Genfer Abkommen in allen Bereichen stärkere Ausnahmeregelungen für Entwicklungsländer vor (S&D).

Nach Abschluss der Verhandlungen kam es zu unterschiedlichen Bewertungen des Abkommens. Während der EU-Handelskommissar Pascal Lamy und der US-Handelsbeauftragte Robert Zoellick das Ergebnis als historischen Schritt feierten, reagierten nicht nur NGOs wie Oxfam oder Attac erwartungsgemäß kritisch, sondern gerade auch manche lateinamerikanischen Staaten bewerteten den Konsens als minimal und unzureichend, da die vage formulierten Versprechungen keineswegs greifbare Vereinbarungen bis zur Ministerkonferenz in Hongkong garantierten.[1] Mit dem Abkommen von Genf konnte allerdings ein vorschnelles Scheitern der gesamten Entwicklungsrunde, das für die WTO insgesamt existenzgefährdend gewesen wäre, abgewendet werden. Nach der allgemeinen Enttäuschung über Cancún besteht wieder Hoffnung auf einen erfolgreichen Abschluss der Handelsrunde, wenngleich das neue Zieldatum, die sechste WTO-Ministerkonferenz in Hongkong im Dezember 2005, aufgrund der Vertagung strittiger Punkte, schwierig zu erreichen sein wird. So bestand im Bereich der Dienstleistungen zwar Einmütigkeit über die Öffnung der Märkte, aber es wurden keine konkreten Vereinbarungen getroffen, da das Thema Landwirtschaft, trotz größerer Bedeutung von Dienstleistungen und Industrieproduktion, im Vordergrund stand. Nicht zu übersehen ist auch eine gewisse Problematik in Bezug auf die Bekenntnis zum Prinzip des ‚single undertaking‘, das bedeutet, dass ein Verhandlungsabschluss nur in allen Bereichen möglich ist, ansonsten scheitern die gesamten Verhandlungen.

---

[1] Claasen, Heimo: Papiertiger auferstanden. In: Zeitschrift Entwicklungspolitik, 17 (2004), S. 22

Aktuelle Entwicklungen in der WTO

Ende Mai 2005 wählten die WTO-Mitglieder den Franzosen Pascal Lamy zum neuen Generaldirektor der WTO.[1] Er wird damit im September dieses Jahres die Nachfolge von Supachai Panitchpakdi antreten, der wiederum Vorsitzender der UNCTAD wird.[2] Nach langwierigen Auseinandersetzungen hat sich der ehemalige EU-Kommissar gegenüber seinem Mitbewerber, dem WTO-Botschafter Uruguays, Carlos Perez del Castillo, durchgesetzt. Nachdem alle anderen ursprünglichen Bewerber (Luiz Felipe de Seixa Dorrea/Brasilien, Sergio Marchi/Kanada, Jayen Krishna Cuttaree/Mauritius) aus dem Rennen waren, deutete schon der extrem positive WTO-Prüfungsbericht der EU-Handelpolitik vom Oktober 2004, in dem die vorherrschende Stellung der EU in der WTO und die entscheidende Rolle der EU bei der Entwicklung der DOHA-Runde betont wurden, Gunst für den Kandidaten Lamy an.[3] Zwar hatte Lamy neben der EU und den USA auch die Unterstützung einiger Entwicklungsländer auf seiner Seite, ob die Besetzung dieses Posten mit einem ehemals einseitigen Verhandlungsführer günstig für die Zusammenarbeit von Industrie-, Entwicklungsländern und LDCs ist, bleibt allerdings abzuwarten.

Ein großes aktuelles Problem stellt die Liberalisierung des Agrarhandels dar.[4] Der verabredete Zeitpunkt (Ende März 2005) der transparenten Offenlegung der staatlichen Beihilfen zur besseren Vergleichbarkeit für eine entsprechende Senkung von Subventionen wurde nicht eingehalten. Somit wird es schwierig, eine verbindliche Vereinbarung für den Abbau von Hemmnissen in verschiedenen Sektoren wie vorgesehen bis Juli zu entwerfen.

Im Juni 2005 kam es dann zu einer Eskalation zwischen der EU und den USA wegen eines Streits um Subventionen für die Flugzeugbauer Airbus und Boeing.[5] Zwar bestand zwischen den USA und der EU ein Abkommen zur Tolerierung von Subventionen aus dem Jahr 1992, aber nachdem Airbus seinen Markanteil seitdem von 30 auf 50 Prozent

---

[1] WTO: WTO Members choose Lamy as organization's 5th Director-General, WTO Website, URL www.wto.org/english/news_e/pres05_e/pr407_e.htm, aufgerufen 2.5.2005
[2] WTO: Statement from Pascal Lamy on his appointment as World Trade Organization's Director-General, WTO Website, URL www.wto.org/english/news_e/news05_e/stat_lamy_26may05_e.htm, aufgerufen am 2.5.2005
[3] Claasen, Heimo: Gedränge um den WTO-Chefsessel. In: Zeitschrift Entwicklungspolitik, 21/22 (2004), S. 15
[4] Tutt, Cordula: Zäher Kampf um Agrarhilfen lähmt WTO-Liberalisierung. In: Financial Times Deutschland (FTD), Nr. 78 (23.4.2005)
[5] Hagelüken, Alexander / Oldag, Andreas / Haas, Sibylle: Konflikt zwischen Airbus und Boeing eskaliert. In Süddeutsche Zeitung, Nr. 123 (1.6.2005), S. 25

gesteigert hatte, wuchs bei Boeing der Unmut. Nachdem die USA bereits Ende 2004 Maßnahmen gegen die staatlichen Hilfen für Airbus angekündigt hatten, einigten sich beide Seiten im Januar auf bilaterale Verhandlungen. Nach deren Misserfolg verklagten sich beide Seiten vor der WTO. Der EU-Handelskommissar Peter Mandelson sprach vom „größten, teuersten und schwierigsten Rechtsstreit in der Geschichte der WTO."[1] Der Streit, dessen Lösung sich über Jahre hinziehen könnte, stellt auch eine Gefahr für die laufende Welthandelsrunde dar, falls seine negativen Auswirkungen in die Verhandlungen hineingetragen werden. Bereits drei Monate vor Amtsantritt hat der neue Generaldirektor Pascal Lamy bereits ein Mammutproblem auf den Schreibtisch bekommen.

Perspektiven für Hongkong 2005

Sah die Zukunft der WTO und einer erfolgreichen Welthandelrunde nach dem gescheiterten Gipfel von Cancún noch düster aus, so besteht nach dem Zwischenerfolg von Genf neue Hoffnung. Als positives Zeichen ist auch zu werten, dass auf dem Weltwirtschaftsforum 2005 in Davos 25 Staaten der WTO (darunter USA, EU, Brasilien, Indien und China) eine Art Mini-Ministerkonferenz abhielten, um die Doha-Runde weiter voranzubringen.[2]

Damit die Ministerkonferenz in Hongkong im Dezember diesen Jahres zu einem Erfolg wird, müssen sich alle Akteure noch einmal aufeinander zu bewegen. Nach Cancún hat die EU endlich eingesehen, dass mit den Singapur-Themen keine Vereinbarung zu erreichen ist. Jetzt muss sie bei der Landwirtschaft Farbe bekennen. Den Entwicklungsländern muss bei dem hier nicht behandelten *Capacity Building*, also der Schaffung von personellen und organisatorischen Voraussetzungen für die Übernahme von gestaltenden Funktionen, geholfen werden. Das ist Voraussetzung dafür, dass sie gleichberechtigt und auf Augenhöhe in der WTO agieren können. Auch im Bereich der Sonderbehandlung (Special and Differential Treatment) müssen realistische und faire Bedingungen für die Entwicklungsländer umgesetzt werden.

---

[1] Hagelüken / Oldag / Haas: Konflikt zwischen Airbus und Boeing eskaliert, S. 25
[2] Decker / Mildner: Die neue Macht der Entwicklungsländer, S. 17-25, hier S. 19

Im Gegenzug müssen diese aktiv an der Ausarbeitung eines Kompromisses mitwirken. Die G20 darf sich nicht als Blockadeinstrument verstehen, sondern muss versuchen, konstruktiv Einfluss zu nehmen, wie sie es durch Indien und Brasilien bei den Vorverhandlungen in Genf getan hat. Nur wenn alle WTO-Mitgliedsstaaten bereit sind Abstriche zu machen, kann die Welthandelsrunde erfolgreich werden.

In der Administration der WTO müssen ebenfalls Reformen vorgenommen werden. Der neue Generaldirektor Pascal Lamy wird hier gefordert sein. Er sollte dabei nicht Gefahr laufen, plurilaterale Abkommen zuungunsten der Entwicklungsländer ins Spiel zu bringen. Vielmehr sollte die WTO das Prinzip des „single undertaking', das es möglich macht, Kompromisse in einzelnen Verhandlungsfeldern gegeneinander auszuspielen, auf den Prüfstand stellen.

Das Verhandlungsfenster für die DOHA-Runde ist allerdings nur bis 2007 geöffnet, weil dann die Handlungsvollmacht des amerikanischen Präsidenten gegenüber dem Kongress ausläuft.[1] Sollte Hongkong also scheitern, bedeutet das wahrscheinlich nichts Geringeres als das Ende der DOHA-Runde.

> „Einer Studie der Weltbank zufolge könnte ein erfolgreicher Abschluss der DOHA-Runde zu einer weltweiten Steigerung des Einkommens um 290 Milliarden bis 520 Milliarden Dollar führen und hiermit 144 Millionen Menschen bis zum Jahr 2015 aus der Armut befreien."[2]

Die Ministerkonferenz von Hongkong ist also zum Erfolg verdammt.

---

[1] Neuschwander: WTO/GATT, S. 596
[2] Decker / Mildner: Wo war der Wille in Cancún?, S. 60

LITERATURVERZEICHNIS

- Beise, Marc: Die Welthandelsorganisation (WTO). Funktionen, Status, Organisation, Nomos, Baden-Baden 2001

- Bello, Walden: The Meaning of Cancun. The implications of the collapse of the Fifth Ministerial Conference of The World Trade Organization (WTO). In: Zeitschrift Entwicklungspolitik, 19 (2003), S. 32-33

- Bentrup, Hans-Hermann: Eröffnung. In: Agrarsoziale Gesellschaft (Hrsg.): Wie geht´s weiter? WTO – Agrarpolitik zwischen Liberalisierung und globaler Gerechtigkeit, Göttingen 2004, S. 5-7 (Schriftenreihe für ländliche Sozialfragen, Heft 142)

- Bläske, Gerhard: Unter Zeitdruck. EU-Kommissar Pascal Lamy kämpfte bis zum Schluss um einen Kompromiss. In: Süddeutsche Zeitung, Nr. 213 (16.9.2003)

- Buntzel-Cano, Rudolf: Nur der Abschied vom Basarverhalten kann die WTO retten. In: Zeitschrift Entwicklungspolitik, 1/2 (2004), S. 19

- Buntzel-Cano, Rudolf: Auf dem Rücken der Armen? Nichtregierungsorganisationen begrüßen das Scheitern von Cancún im Agrarbereich. In: Zeitschrift Entwicklungspolitik, 19 (2003), S. 25-28

- Claasen, Heimo: Gedränge um den WTO-Chefsessel. In: Zeitschrift Entwicklungspolitik, 21/22 (2004), S. 15

- Claasen, Heimo: Papiertiger auferstanden. In: Zeitschrift Entwicklungspolitik, 17 (2004), S. 22

- Decker, Claudia / Mildner, Stormy: Die neue Macht der Entwicklungsländer. Globale Ambitionen – regionale Verantwortung. In: Internationale Politik, 3 (2005), S. 17-25

- Decker, Claudia: Eher Startschuss als Ziellinie. Das WTO-Abkommen von Genf. In: Internationale Politik, 9 (2004), S. 87-90

- Decker, Claudia / Mildner, Stormy: Wo war der Wille in Cancún? Der Fehlschlag der WTO-Ministerkonferenz. In: Internationale Politik, 10 (2003), S. 57-60

- Frein, Michael / Knirsch, Jürgen / Reichert, Tobias: Die WTO-Ministerkonferenz in Doha. In: Nord-Süd aktuell, 4 (2001), S. 745-756

- Glunk, Fritz (Hrsg.): Das MAI und die Herrschaft der Konzerne. Die Veränderung der Welt durch das Multilaterale Abkommen über Investitionen, dtv, München 1998

- Großmann, Harald: Soziale Mindeststandards, internationale Arbeitsteilung und wirtschaftliche Entwicklung. In: Nord-Süd aktuell, 1 (2004), S. 118-124

- Greven, Thomas / Scherrer, Christoph: Globalisierung gestalten. Weltökonomie und soziale Standards, Bundeszentrale für politische Bildung (bpb), Bonn 2005

- Hagelüken, Alexander / Oldag, Andreas / Haas, Sibylle: Konflikt zwischen Airbus und Boeing eskaliert. In: Süddeutsche Zeitung, Nr. 123 (1.6.2005)

- Hagelüken, Alexander: USA drohen mit Alleingang im Welthandel. In: Süddeutsche Zeitung, Nr. 213 (16.9.2003)

- Hagelüken, Alexander: Welthandelsorganisation in Cancún gescheitert. In: Süddeutsche Zeitung, Nr. 212 (15.9.2003)

- Hamada, Koichi: China's entry into the WTO and its impact on the global economic system. In: Moore, Mike (ed.): Doha and Beyond. The Future of the Multilateral Trading System, Cambridge University Press, Cambridge 2004

- Hoering, Uwe: Ein Weckruf für die Industrieländer. Globalisierung gestalten nach der gescheiterten WTO-Ministerkonferenz in Cancún. In: Zeitschrift Entwicklungspolitik, 19 (2003), S. 21-24

- Hoering, Uwe: Cancún: Die Rückkehr des Südens. In: Zeitschrift Entwicklungspolitik, 18 (2003), S. 4-5

- Jawara, Fatoumata / Kwa, Aileen: Behind the scenes at the WTO: the real world of international trade negotiations, Zed Books, London/New York 2003

- Leggewie, Claus: Die Globalisierung und ihre Gegner, C.H. Beck, München 2003

- Liebert, Nicola: Agrarverhandlungen der WTO: Entwicklungsländer mit neuem Selbstbewusstsein. In: Zeitschrift Entwicklungspolitik, 13 (2004), S. 6

- Liebig, Klaus: Die Welthandelsordnung nach Cancún. In: Nord-Süd aktuell, 1 (2004), S. 62-66

- Mbrimi, Ivan: Introduction. In: Mbrimi, Ivan / Chilala, Bridget / Grynberg, Roman (eds.): From Doha to Cancun. Delivering a Development Round, Commonwealth, Secreteriat, London 2003

- Neuschwander, Thomas: WTO/GATT (Welthandelsorganisation). In: Woyke, Wichard (Hrsg.): Handwörterbuch Internationale Politik, 9. Aufl., Bundeszentrale für politische Bildung (bpb), Bonn 2004, S. 591-598

- Nord-Süd aktuell, 4 (2001), S. 574-575

- Piper, Nikolaus: Ein Gespenst namens MAI. Warum die Verhandlungen in Cancún am Streit um Regeln für internationale Investitionen gescheitert sind, In: Süddeutsche Zeitung, Nr. 213 (16.9.2003)

- Ricardo, David: Über Grundlagen der politischen Ökonomie und Besteuerung, Metropolis, Marburg 1994

- Schulz-Greve, Willi: Stellungnahme zum Tagungsthema. In: Agrarsoziale Gesellschaft (Hrsg.): Wie geht´s weiter? WTO – Agrarpolitik zwischen Liberalisierung und globaler Gerechtigkeit, Göttingen 2004, S. 15-24 (Schriftenreihe für ländliche Sozialfragen, Heft 142)

- Tetzlaff, Rainer: Cancún gescheitert – ein Signal der Verzweiflung an die Industriestaaten. In: Gegenwartskunde. Gesellschaft – Wirtschaft – Politik (GWP), 4 (2003), S. 415- 418

- Tietje, Christian (Hrsg.): Welthandelsorganisation, 3. Aufl., dtv, München 2005

- Tutt, Cordula: Zäher Kampf um Agrarhilfen lähmt WTO-Liberalisierung. In: Financial Times Deutschland (FTD), Nr. 78 (23.4.2005)

- WTO: WTO Members choose Lamy as organization's 5th Director-General, WTO Website, URL www.wto.org/english/news_e/pres05_e/pr407_e.htm, aufgerufen 2.5.2005

- WTO: Text of the 'July package' — the General Council's post-Cancún decision, WTO Website, URL www.wto.org/english/tratop_e/dda_e/draft_text_gc_dg_31july04_e.htm#h3 aufgerufen am 30.4.2005

- WTO Website, URL www.wto.org/english/news_e/news05_e/stat_lamy_26may05_e.htm, aufgerufen am 2.5.2005